JN411142

부적

부적

박채호 시집

문학의전당

| 시인의 말 |

어머니는 예순네 번째
미역국 끓여 주시고도
어린아이 취급입니다
하루살이들의 유골
2만 기나 장례를 치룬
경력의 장의사를 모르십니다

역모기지 연금이 바닥나는 날
그때까지 난 미래파입니다
이제 겨우 배추흰나비와
시멘트 바닥 틈새로
고개 내미는 민들레가 보이지만
바퀴 달 날이 있을 것도 같기에

두 번째 엮었습니다
읽어 주시는 분들에게
부끄럽고 정말 감사합니다

2012년 이른 봄
박채호

| 차례 |

2부

3부

4부

해설_강영환

1부

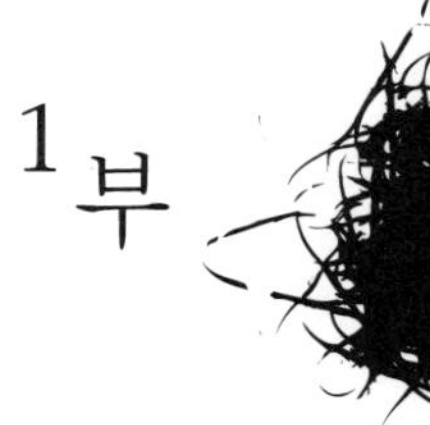

백령도

얼어붙은 NLL 암초바닥에
어탁魚拓된 꽃잎들 등대를 찾지 못해
부릅뜬 눈으로 바다 속을 훑는다
파도를 넘나들던 천안함 잠수경을 끼고
허리 꺾인 체 물길 질을 하고 있다
가슴 터질 듯 고막이 찢어질 듯
가쁜 숨 몰아쉬며 불침번을 서고 있다
백령도를 사수하라, 명령 한마디
네 혼백을 치켜든 근엄한 동작
한 개의 바다를 지키는 것은 사치다
바다 하나를 더 품어야지
사해보다 더 짠 바닷물
온 국민이 네게 눈물로 준 바다
울어도 울어도 고이지 않는다, 다만
그 눈물 다시 바다가 되어
백령도에는 바다가 둘이다

그 속에는 저인망에 걸려
가라앉은 바다 하나 더 울지도 못하고…

꾼

그날 나는 중앙대학교 구름카페에서
김근 시인의 시론 강의를 듣고 있었다
상징과 알레고리를 공부하고 있었다
역설과 모순어법도 배웠다
시는 사기라고 아버지 개새끼라고
분서焚書로 쓰인 책장을 넘기고 있었다

갑자기 진도5의 지진 TV는 더듬거렸고
거리는 황사가 시야를 갉아 먹고 있었다
진원지는 푸른 기와집 지하실인데
대구와 부산을 갈라놓았고
쓰나미는 가덕도를 밀어버렸다
밀양강에 불시착할 거라던 비행접시는
레이더의 착시현상이었다고

나는 이해 못하는 학생들 사이를 빠져나와
퍼소나를 흔들고 있는 사기꾼을 향해
각혈처럼 끈적이는 욕설을 토했지만
맹박산성의 높은 벽을 넘기지 못했다
성난 얼굴이 가득 매달린 벽면에

아이 하나 지나다 원숭이 엉덩이를 그렸고
해독할 수 없는 낙서들이 갈겨져 있다

누가 그 밑에
mb는 시인이다 해석을 달아 놓았다

호스피스병동

숨 쉬는 일만 남아 있는 짐승들
콧속 그곳은 먼 강의 발원지처럼
깊고 어두운 이끼로 덮여 있다
그들의 눈은 안개꽃이 피어 있고
붉은 자두 물이 얼굴에 배어 있다
사랑하는 사람이 죽으면
그 뼈로 피리를 만드는 부족처럼
휘이익 피리 소리 들릴 듯 말 듯
바람의 성지를 찾아 나선 순례자가
사막을 횡단하는지 느린 걸음
힘겹게 하얀 숨을 토해낸다
발원지로 역류한 모래바람 갸르릉
얼음 숨구멍 트는 소리 가늘게 운다
둘러앉은 짐승 피붙이도 마디를 꺾는
침묵의 고통을 이겨내고 있다
숨이 모자라는 사람들 코에 달린
호스 줄이 밤을 늘리고 있다
한 숨 두 숨 늘린 밤을 건너는 짐승들
그들 사이에 하늘에서 온 천사 두엇
남은 숨 줄의 길이를 재고 있다

배롱나무

시청 정문 앞 배롱나무들이
붉은 피를 토해내며
중앙분리대를 점거
천막 농성에 들어갔다

일흔 구비 밭고랑에서
쇠비름 풀과 실갱이한
이력밖에 없는 할머니의
머리띠에도 백일홍 꽃물이 배었다

길 옆에 늘어서서 악을 쓰고 있는
현수막 눈에서 스파크가 튄다
765,000볼트 찌릿찌릿한 송전선과
삿대질을 하며 언성을 높이고 있다

머쓱해진 경찰이 안전선을 치자
나무는 백일시위를 작심하고
철거통지를 받은 암자의 보살도
하안거를 포기 소신공양에 들어간다

관수재觀水齊*

그리스도 폴의 강에서
대大자로 뻗어 있는 당신을 보았습니다
그토록 사랑했던
왜관 철교 흐르는 물속에
십자가를 지고 있는 당신을 보았습니다
당신의 영혼을 씻었던
강바닥은 끼억 끼억 모래를 지고
산으로 기어 올라가고 있었습니다

강 찌낌이가 살았던 관수재
주인이 집을 비웠다는 소문에
낙동강은 정신병동에 끌려가
무식한 의사들 H2O의 방정식 풀어내지 못해
강줄기만 이리 뜯고 저리 제키고
포클레인 거품 물고 공룡같이 설쳤습니다

이것이 초토의 시가 될 줄 모르셨지요
당신이 계셨던들 가당치나 한 일이었겠습니까?
관수재가 피눈물 흘리며 돌아앉았습니다
당신은 오늘도 옹달샘 한 방울 물이

푸른 바다와 불이不二가 아니다고
쉰 목소리로 영상 메시지를 수없이 보냅니다만…

나는 오늘 착한 일 하나를 했습니다
당신이 할 수 없었던 일
금관문화 훈장을
낙동강 다리 밑에 던져 버렸습니다.

* 관수재觀水齋 : 구상 문학관내 시인의 집필서재. 여기서 「강」 연작시 100여 편 발표

기억하고 싶지 않은 기행

백령도 앞바다에 불기둥이 솟은 날 놀란 두 여자가
가방을 싸서 떠난 도로에 차가 기어가며 엉엉 우는 거야
동행해 줄 남자가 필요한데 한 여자가 기어코 매달렸어
눈물이 흥건한 고속도로를 달리다 갑자기 멈춰버렸지
박자가 흐르는 선에서 궁상각치우를 놓친 게 탈이었어
평소 발라드에 길들어졌던 고물차가 뎁 댄스에 엉킨 거지
다행히 순찰차가 블루스같이 느려 딱지가 배달되진 않아
느긋하게 차창을 밀쳤더니 의장대처럼 섰던 벚꽃나무가
눈보라를 몰고 왔는데 마침 뜨거운 햇살이 눈은 걷어가고
꽃송이는 돌려주더군 황홀한 풍경이 꽃상여였을 줄이야
박치의 수다 뒤통수를 치는 높은음자리는 장송곡으로 들리고
겁먹은 여자가 쉴 모텔엔 아담 이브가 차지 빈방 없다고
젠장 어차피 합승인데… 찜질방 라커룸의 커튼을 제킨 아침
아무렇게 파킹했던 차를 누가 광화문 네거리에 견인해 놓았다
청계천에서 용이 났다고 남대문 남세스러워 보자기를 썼다
여의도 무법자는 쌍권총을 겨누며 포장마차에서 소주잔을 날린다
도착할 곳이 많아 다리에 날개를 달아 남산타워에서 날아 보았지
지도에 없는 낯선 곳에서 반신욕을 하고 되돌리 표지판을 찾아

내비가 시키는 대로 위성까지 올랐다가 떨어졌어요
한 번도 탈선한 적 없는데 이탈했다고 여자가 비아냥거린다
그 때문에 준비한 문장들을 반도 못다 쓰고 휴지통에 버렸죠
감시는 여자뿐이 아니었어요.
금배지가 의사당 수위를 자원하는 살기 좋은 대한민국 오!
방범카메라 CC망 위성을 깔아놓고도 백령도 왜 못 지켰나
촛불 몰려 나왔던 광장에 마흔여섯 개의 조등이 등댓불을 찾는다.

민심

이상한 나라에는
거짓말 허가를 받아
밥 빌어먹는 기관이 있고
거짓말 축제가 4년마다 펼쳐진다

거리는 인형들이 풍선을 띄우며
광대놀이패가 한바탕 지나고
가판대 위에 놓인 말들은
본 게임 선수로 선발 되어
선착순 달리기에 악을 쓰고 있다

응원전의 불꽃이 더 뜨거운데
썩은 그 피도 팔딱거린다는 것
교과서에 수록된 적 없는 8종 경기
처음 출전한 선수 코피가 먼저 난다
구경꾼이 새참에 목을 매달면
길가로 열려 있는 확성기에서
요란한 성찬이 쏟아져 나와
귀가 먼저 배가 부르다

어느 선수 말이 진짜 거짓말인가
종합채점 집계가 끝나기 전에
콧구멍으로 마신 막걸리에서
시큼한 누룩곰팡이 먹구름이 되어
정리 체조 반주곡 울리는 시간
기상청도 눈치 채지 못한 소나기
우뢰를 몰고 와 고랑을 갈랐다
통계청 출구조사는 촛불 뒤에
웅크렸던 아이를 찾지 못했다

화장실 친구

넌 스스로를 포기한 지 오래
고치지 못하는 고질병 환자다
암 덩어리를 겹겹이 포개고
눈은 흑점이 사라진 사시斜視
달팽이관은 껍질만 남았다

마른 모래바람
황사로 내려앉은 지면紙面에서
오아시스를 찾는다는 것은
먼 옛날 죽은 낙타
발자국 따라가기다

썩은 잉크를 마신 펜이 우물에서
입 냄새 풍기는 물병만 건져 올리지만
새벽을 열어주는 질긴 그 집념 때문에
화장실에서 사귄 세월 외면 쉽지 않아
내 송곳니 닳아 버리는 것도 모르고
신 새벽 낱말 맞추기 퍼즐게임에서
새로운 말이 변비 되어 끙끙거린다

반사경

길도 곧게 걸으려고 가끔 거울을 본다
용대리에서 백담사 오르는
굽은 길모퉁이에 반사경이
쭉 솟은 금강송과 마주보며
얼굴 볼록 붉히고 섰다
고라니 한 마리 뛰어 내려오다
마주친 내 모습에 놀라
뒷걸음질 치며 달아나는 길
만해卍海는 걸망 메고 백담사 돌아가는
구불구불한 그 길도 직선이었는데
허물 비춰보려 백담사 들렀던 어느 왕조
지금도 비틀어진 걸음만 걷고 있다
길은 이따금 거울을 꺼내들고
바로 걸으려고 굽은 허리를 펴고 있다

갈지자걸음으로 늘 막차만 기다렸던 길
내 옆구리에도 반사경 하나 세워야겠다

진화론

간을 뱉어 냉장고에 넣어 둔다
출근 전에 꼭해야 할 일이다
전철에서 하품을 하며 조는 사람
처진 어깨에 계단이 버거운 사람
모두 간을 집에 두고 나왔다
미처 간을 빼놓지 못한 박 과장
헛구역질하더니 간을 토해낸다

시큼한 악취가 사무실에 떠다닌다.
쓸개마저 두고 온 김 대리가
토해낸 간을 재빠르게 받는다
긴장이 굽실거리는 사무실에는
고객과 왕이 종일 득실거린다
그들은 히죽거리는 이빨 틈새를
쉴 새 없이 들락거려야 한다

두 귀가 토끼 간처럼 얇아진 하루
돌아오는 길은 모두 외계인이다
방전된 로봇 충전기 갈아 끼우듯
간을 씻어 도로 제자리에 넣는다.

뺐다, 끼웠다 할 때마다 줄어든 간
아내와 아이가 제왕으로 변해 있다
간과 쓸개는 쓸모없어 퇴화 중이다

자루

지하철이 달리는 객실 안에는
꾸물거리는 자루들이 매달리거나
수화물처럼 어지럽게 밀쳐져 있다
이곳은 언제나 졸음이 떠다닌다
말쑥한 차림을 한 회사원의 자루도
노숙에서 막 깨어난 시커먼 자루도
무엇이 담겼는지 차가 흔들리면
내용물이 쏟아질듯 아슬아슬하다
흠칫 놀란 학생이 두리번거리더니
잠시 꼿꼿한 자루로 변한다
새벽에 나와 종일 펴 담은 알파벳
쏟아질까 덜컹 겁이 난 것이다
자갈치역에서 올라앉은 자루에서
짭짤한 굴 껍질 냄새가 삐져나온다
맞은편 차창에서도 자루가 스친다
잡동사니들을 담았거나 비웠거나
아침부터 저녁을 메고 다녔던 자루를
쉴 사이 없이 실어 나르는 지하철이
마지막으로 쏟아놓은 자루들 사이에
그는 늘 막차의 꼬리표가 달려 있다

파장

선거벽보가 어지럽게 나붙었다
가판대 설치허가가 떨어진 거리
고개 숙이고 팔 허리 돌리기 경쟁
점포정리 세일기간이다
외상도 주고 호객행위도 괜찮다고
맛있는 성찬 끓어 넘친다

입맛에 맞는 맛배기 선심
공짜로 퍼줄 것도 같은데
단, 백령도에서 막 건져온
싱싱한 꽃게를 두고
맛있다 없다 두 편 갈려 시식 중이다

줄지어 선 로봇마네킹 지칠 무렵
생선장수 스친 것 같은 역겨움이
시장후보 로고송에서
울컥 비린내로 풍긴다
열사흘 성찬이 부패된 채로

관전觀戰

정동진 바닷가 사람들 짐승같이 모여들어
시린 발들을 동동 굴리며 서 있다
볼때기 찢는 바람 털모자를 눌러 씌고
해안초소의 경비병처럼 파도 같은 입김을
내뿜으며 천 년의 탄생을 지켜보고 있다

이윽고 여명의 군대가 밀려오자 안개의 진이
흐트러지고 바다가 불안하여 검게 출렁인다
수비대장 하현달은 전세가 여의치 않자
동쪽 하늘로 비켜섰고 새벽까지 버티었던
작은 별의 성주들도 뒷걸음질 치기 시작한다

해안선 철조망은 군영을 이탈하다 붙잡혀
교수형에 처한 병사 머리통 같은 돌이
거꾸로 매달린 선거벽보처럼 헐떡거린다
역사의 현장을 놓치지 않겠다는 플래시가
흑과 백이 벌이는 전투를 초단위로 기록한다

사투를 다해 막고 섰던 검은 장벽이 무너지고
바다는 전사자의 핏물처럼 붉게 번져간다

놀란 구름 피의 현장을 덮어보려 하지만 역부족
패잔병들 깊은 내상을 당한 채 다음을 기약한다

빛이 승리를 확인 종전을 선언하고 수평선에
붉은 양탄자를 깔자 태양이 권좌에 오른다
수많은 사람 개선장군을 향해 함성을 외치고
천 년의 시작을 알리는 폭죽이 하늘을 가른다

빛이 살상 무기를 사용했다고 수군거리는 사람
혁명이니 쿠데타니 달이 스파이다 소문만 무성
권좌 앞에서 단 한 사람 진실을 말하지 못하고
썰물처럼 밀려 나간 모래톱에 갈매기 한 마리
찢어진 현수막같이 날갯죽지가 허우적거린다.

세월

버스는 안동 휴게소에서 잠시 쉬어간다
오륙산악회 정기 산행으로 소백산 가는 길이다
옆자리에 지난날 산행대장이었던 안 면장이 앉았다
십 년 전 오륙십 대 회원이 이제 칠순잔치의 유행을 일으킨
용감한 노병들이 우리나라 다섯 번째의 명산인 영주 담양
소백산을 오르겠다고 마음은 아직도 새파란 하늘이다
산은 늘 그 자리를 지키고 사람들만 바쁘게 달려보지만
오늘도 몇 사람이나 정상에 설 수 있을는지

화장실을 나와 아메리카노 커피 좌판대서
안면장과 천 원짜리를 먼저 내겠다고 바쁘게 주머니를
뒤지고 종이컵을 받아 나와 하늘을 올려다본다
5월의 눈부신 능선 붉은 철쭉이 잔 속에 들어온다
두 천 년을 지켜 온 주목나무 그림자도 비친다
산꾼들의 거친 숨소리 비로봉 나무계단이 삐걱거린다
산길을 펄펄 날았던 면장님, 늘 좋아하는 커피처럼
산행을 나섰지만 이젠 희방사 깔딱 고개 버겁다는 말
멀지 않은 내 모습 같아 아메리카노 향이 씁쓰레하다

층층나무

층층나무가 올해도 새 아파트를 지어
텃새들에게 무상 분양을 한다
층층이 흰 빨래가 늘려 있는 집
전망 좋은 옥상 난간에는
메까치가 먼저 둥지를 틀었다
산길이 꾸물거리며 오르는 새벽
동쪽 하늘이 붉은 융단을 깔면
그네를 타던 새벽별 바쁘다
나뭇가지 베고 잠들었던 산새들
숲의 이불을 걷어차고 기지개 켠다
풀 섶도 이슬 받아 눈곱을 비비고
밤새 수다 걸던 바람에 머릿결 맡긴다
출근도 하지 않는 집 탬버린 소리에
빗질 끝낸 바람 화음을 맞춘다

지하층에서 잠을 잔 공공근로자가
숲 가꾸기 노역장으로 달려간 까닭
층층나무는 시치미를 뗀다.

로드카페

노인대학의 하루살이가 단체 관광을 떠나는 길에 로드킬 당한 고라니 주검에 까마귀 가족이 제일 먼저 달려와 흩어진 시신을 수습하고 있다 고라니가 다니는 길에 시도 때도 없이 관광버스라니 바퀴는 고라니의 죽음을 보지 못했고 하루살이도 눈치채지 못했다 카페가 달리기 경주하는 유일한 동네 카페 안은 네 박자에 맞추어 저녁 해가 넘어갈 때까지 마이크가 악을 쓴다 황야의 무법자가 쓰러트린 소주병 먹다 남은 치킨도 나뒹군다 그들의 날개는 파닥거리며 좁은 공간이 더 좁아진다 핸들은 지겨운 하품을 해 대고 뒷좌석에 주저앉은 힘 빠진 하루살이는 늙은 유령처럼 눈꺼풀이 내려앉았다 버스는 매일 돌아 다녔으니 마땅히 구경할 거리가 없다는 듯이 바퀴만 돌린다 유령들도 바퀴따라 돌기만 하면 그만이다 구경 한번 잘했다는 말은 박물관에 진열한 전시품 고속도로휴게소가 흥청대고 반환점을 돌아 온 카페는 유령들의 노랫가락 웃음소리 주정뱅이도 섞인 채 전속력으로 질주한다 새벽에 고라니 주검을 수습한 까마귀들이 휴게소의 쓰레기 봉지를 뒤진다 검은 봉투가 바퀴에 빨려 들어간다 까마귀 주둥이도 봉지 속에 빨려 들어간다 취한 유령의 신발도… 마을 회관이 장례식장처럼 환하다 카페를 빠져나온 하루살이들 까마귀 고깃덩이를 배급 받고 희죽거리며 사라진다

2부

부적

아들이 새 아파트를 장만했다
이삿짐 넣기 전에 먼저
하룻밤 묵어 라는 것이다
둥지 틀 때 세간 살이 내주지 못했는데
안쓰럽고 미안한 마음이다

아버지가 내 장롱 속에 넣어 주었던
돌복숭아나무 잔가지 몇 개
제 엄마는 팥 시루떡 한 솥
소금자루 하나가 집들이 선물이다

이삿짐 옮겨오지 않은 덩그런 빈집
손자가 뒹굴 방안 하릴없이 서성인다
집사람도 잠이 올 것 같지 않은지
새 집 뭐 닦을 게 있다고 걸레질만 한다

그만 주무시라며 자리끼 한 사발
챙겨두고 돌아서는 등짝 예전에 본 듯하다
평생 동안 내 부적으로 살았던 당신처럼
밤새도록 도깨비와 왼쪽 씨름을 한다
셋방살이 마지막 밤 아들도 뒤척이겠지

무청

일흔 구비 무밭 고랑에
뿌리 잘려 나간 잎줄기들
가을햇살에 온몸을 맡겨
시퍼렇게 널브러져 있다

어머니는 제 살 발라내고
싱싱한 속대만 골라 엮어
삼베 홑치마 늘어 말리듯
그늘에 척척 걸어 놓는다

푸른 잎이 시드는 시간만큼
고운 이마가 거칠어진다
줄기 희끗하게 변하는 동안
당신도 바삭바삭 가벼워진다
초승달 같았던 잰걸음도
하현달을 닮아 야위어 간다

동짓달 저녁 무시래기 국물
당신 손가락 썰어 넣은 그 맛
윙윙 우는 바람 새벽녘까지

낡은 치맛자락이 뒤척이고
올해도 당신을 발라낸 이파리
무릎 관절처럼 말라가고 있다

동생

아버지는 선산 한 귀퉁이에
굽은 나무로 계좌癸坐집 한 채 지었다
찔레꽃 울타리 덮는 오월에는
뻐꾸기 드나드는 곳
개망초 꽃 무리지어면
별자리들도 마실 찾아오는 집인데
무슨 핑계가 그리 많았던지
허덕거리다 몇 년에 겨우 찾아오면
집채로 구름 위 말없이 계시다가
그래도 빙그레 미소를 짓는다
그 안에는 언젠가 본 듯한
젊은 여자가 설거지를 하고 있다
그 여자 나보다 안면도 없는
내 동생을 더 좋아하는지
올해도 벌초 가지 못한 마음
동생이 굽은 나무 키우며
아버지를 닮아간다.

천장遷葬

할아버지 묘혈에서 끙 소리가 들렸다
조경공사 사장이 종갓집을 나온 뒤
굴삭기 이빨 소나무 둘레를 파헤치고
인부들은 흩어진 시신을 수습하듯이
흙 뿌리를 감싸 새끼줄로 염을 한다
단숨에 고아가 되어버린 잘린 뿌리들
흙더미를 놓지 않으려고 바동거린다
지푸라기라도 잡을 듯 허우적인다
백 년 버텼던 선산지기가 퍽 쓰러졌다
출렁거렸던 나뭇가지가 잠잠해지자
조경사가 쓰러진 나무에 올라가
마지막 의식 치르듯 가위질을 한다
톱날에 바람의 기억들이 잘려 나간다
뜬금없이 크레인에 매달려진 소나무가
깊게 패인 전 생지를 내려다보고 있다
다음 생이 어딘지도 모르고 실려간다
남겨져 있는 저 뿌리들이 밤마다
땅속 길을 찾아 헤매는 줄도 모르고

평생 걸려 아버지를 옮겼던 것이
출렁거렸던 소나무 옮겨 가는 일이었다

독배獨杯 혹은 독배毒杯

바람에게 끌려 나간 저녁은
머리에 별똥을 묻혀 돌아온다
안전선 바깥에 내려놓은 미터기
기본료는 늘 배춧잎을 표시했다
누가 담벼락에 개의 다리를 그리고
또 한 사람 그린 개를 몰고 간다
취한 눈으로 보고 있는 도둑괭이
영락없이 별이 그려놓은 수채화다
담배 한 개비가 라이터를 뒤진다
담장 너머로 휘어져 내려온 가지에
무화과나무 열매가 툭 떨어졌다
애꿎은 이파리가 누룩냄새를 풍긴다
바람맞은 별똥 유성처럼 어지럽고
가로등불이 굽어진 허리를 받친다
안전지대 바깥으로 밀쳐진 나는
무엇으로부터 안전한 것인가
쩍 벌린 골목 거미집 한 채 버텨 섰다
이 밤 미로를 빠져 나가기 위해
악물고 독배를 들어 올린 것이다

양말

발가락에 물집이 생겼다고
골짜기마다 소 돼지 공동묘지다
말 못하는 짐승의 왕방울 눈
그렁그렁 맺힌 눈물 자국이
제가 토해낸 선지처럼 엉겼다

나도 묻어라 아낙의 패악질
광우병처럼 부들부들 주저앉는다
포클레인 아가리가 밀어 넣는 통곡
더 이상 볼 수 없어 채널을 돌리고
발을 닦으려 양말을 벗었다

아뿔싸, 내 발가락 사이에도 물집
발톱마저 갈라졌다 구제역이다
소 돼지나 다름없이 살았던 어제
누가 신고한다면 생매장 감이다
천만다행이다 싶기도 하다가

아 아깝다!
떨고 있는 저 짐승들에게
두툼한 양말을 신겼더라면…

만년필

수성 구정물 들이켜 시詩 뱉으며
만 년을 살 수 있다는 것은 너
작명가는 기상대 앵커였나
스무 살 당신 입에선 목련도 고왔지만
하얀 찔레꽃 토할 적 더 좋았어요,
가을밤 기러기 한글 과외 마치고
뒹구는 낙엽 위 이슬 내릴 때
S 누나 단발머리에 윤이 났어요.

만 년은커녕 삼사십 치댄 세월에
속이 문드러져 검은 창자 되어도
다행히 당신의 가녀린 촉에서는
미나리아재빗과의 독성은 없었어요,
그래서 잡초는 헌책의 추억으로 자라고
오래된 그녀의 마지막 편지는
야윈 입술을 기억해 내었지요

중학교 졸업식 날 쥐여주던 파카 만년필
음대생이 되었다는 소문 이후
한 번도 만나지 못했던 그

하늘빛 잉크 푹 찍어 그리고 싶다
금빛 머리카락 펜촉처럼 녹슬고 닳아도
꺾이지 않은 채 건반 위를 걷고 있겠지.

시계는 아직 잠들지 않았다

대통령 하사품을 손목에 걸고 다녔을 때
왼쪽 팔목은 철주를 심은 것처럼 무거웠다
헛꿈 눈치 챘을 땐 몇 개의 시계 닳았고
홧김에 던져버린 것과 잃어버린 것이
서랍에서 우연히 발견 되었던 고물시계가
잠 속에서도 퇴임사 읽는 소리를 들었고
연금 통지서 들고 온 우체부를 보았단다

나로도 뱃길을 안내하는 등댓불 너머에
불빛은 없고 신작로가 파도를 밀어내었다
바다 위를 걸었던 오래된 내 첫 번째 시계
채 방수도 되지 않아 스며든 소금기를 지고
희미하게 한류와 난류 속을 아직도 헤매는데
잠든다는 것은 꿈을 찾을 수 있다는 말이다

세월을 가벼이 손목에 걸고 다녀서니
어찌 그도 재빠르게 달리지 않았으랴
눈 덮인 산맥과 계곡을 몇 바퀴나 돌았든가
방전된 골목길 취객의 방뇨처럼 잠들고 싶다
지하철 노숙자 꿈길의 향긋한 연애처럼

죽었다가 살아나는 그런 잠을 자고 싶지만

우주를 모두 재웠던 나로도의 시계가
혼곤히 잠든 별들을 깨우고 싶은 것처럼
내 낡은 시계를 하루에도 몇 번이나 깨운다

밀양 꿈꾸다

태평양 기압골 전선을 형성
오락가락 할 말이 흐려져
아무도 몰랐던 일 하늘이 빗질을 하고
매미가 달팽이관에 들어가 살면
남천강물은 한번 익사할 준비를 해야 한다

UFO가 동남권 어디엔가
불시착할 장소를 물색 중인데
오늘 힘겹게 올랐던 해발 1189m*를
바다에 밀어 넣으면 외계인이
활주로 박스를 타고 내려올까?

이안류가 낙동강 펄물을 빨아 간다면
가덕도 불가사리 춤을 추겠지
오늘 36.4도C, 사람이 살만하다는 것
너덜겅에서 솟아나는 한여름 고드름
만져보고야 꿈의 뜻을 아려나

드디어 얼음골 비행접시가 트랩을 내리고
삐라처럼 떨어지는 시레이션을 받으려

하늘에다 쇠줄 두 가닥을 걸치는 중
복伏 땜을 넘겨야 하는 견공犬公 심정같이
밀양은 온통 여름밤 꿈속을 헤맨다.

* 밀양 재약산 사자봉

이웃

렌딩하는 태양은 늘 반듯하게 수평선을 지킨다
태양의 바퀴 따라 굴렁쇠 돌리던 차들 제 집으로
지하든 골목이든 자리 찾아드는 구멍
질긴 하루를 치통처럼 씹어 돌렸던 이빨이
불구덩이 같았던 시동을 끄면 가지런하다

틈새 하나를 두고 두 이빨이 으르렁거리면
송곳니 같은 덧니가 돋고 수캐 엉덩이 비벼대듯
제살 붙여놓은 이중주차 늦은 귀가에 술 취한
운전수 다리도 풀어놓은 브레이크 같을 것이다
겁 없는 초보 운전자와 옥닛발 가는 쌈질에
CCTV 날 선 이빨이 업사이드 깃발을 든다

새벽녘에 선잠 깬 대문니부터 빠져나가면
잇몸의 산통이 시작되고 합죽한 볼때기 안에는
산후 증후군보다 더 아리는 사랑니 따끔거린다
튕겨나간 택시가 돌아오지 않는 날은 헐겁지만
술렁거렸던 균형은 잠깐 도미노 현상은 없었다
틀니처럼 끼웠다 뺐다는 재래시장 골목의 치과
어차피 임플란트 영구치로 채워질 건데

텅 빈 주차장같이 이빨 바꿀 일도 없이 삭아버린
아버지 어금니가 내 입안에서 옹이로 돈는다

쑥부쟁이

까마귀가 파먹은 까치밥 꼭지가
매달려 있는 언덕배미 밭고랑에서
할머니가 이 하루 호미질이다
밭고랑에서 빠져나온 돌멩이가
자신의 얼굴에 박히고 있는지
뽑혀 나온 쑥부쟁이가 달라붙어
등짝에서 자라고 있는 줄도 모른다
효조孝鳥가 공중에서 안타까이 하는 말
땡볕을 피해 가시라고 까악, 깍깍!
할머니는 눈치 채지 못하고 훠이, 훠여!
애꿎은 까마귀를 쫓다가 허기가 지고
쪼그라든 허리에 해거름이 내려온다
새끼들 줄줄이 날아 가버린 둥지에
눈 부라리고 있는 식은밥 덩어리가
할머니의 까치밥이다
저녁 설거지는 부엌 쥐가 거든다
급하게 먼저 간다던 화상도 희미해
사각 얼굴이 긴 밤을 달래주는 동무
종일 부려먹은 무릎 관절을 누이며
이 하루를 살았다고, 살았다고

그 굴뚝

던진 눈물 한 점 위로 최후의
연기 한 줌이 피워 오른다
그 희디흰 연기 속은
서성거렸던 온갖 영욕이 범벅된
역사의 질곡은 묻지 않는다
각색도 연출도 없이
그를 밀어 넣은 굴뚝에는
누구에게나 적중되는 답안지가 꽂혀 있다
가면과 비굴함은 숨겨 있지 않고
극명함과 치열함도 잠시였을 뿐
아무리 소리치고 발광하여도
더 이상 다음 문은 열리지 않는다
사그라지는 불씨와 같이
모든 것을 비워내는 영락공원 굴뚝은
언제나 진실한 해답 한 줄만 피워낸다

자반고등어

자반고등어를 굽는 저녁이다
아내가 생선가게 지나다가
떨이라며 억지로 받아 왔단다
생선은 석쇠로 약한 불에 구워라
예전엔 참숯불이 제 격이었는데
고등어를 넣었던 비닐봉지에서
얼굴 내민 할머니가 한마디 하신다
집안 가득 생선 냄새를 풍기면서
고등어 살점이 오그라든다
뱃살 익은 할머니를 뒤집는다
욕창이 프라이팬에 눌어붙는다
뒤집을 때마다 신음소리가 난다
다비식 치룬 연기가 사그라지고
구운 고등어가 밥상에 올라온다
철없이 할머니 턱 밑에 다가앉으면
제 살점을 발라주시던 할머니
자반 가시가 자꾸 목에 걸린다

눈이 들려주는 얘기

가득 눈이 내린다
재래시장 낡은 천막처럼 늘어진
하늘에서 흐드러지게 쏟아진다
꾸짖을 듯이 통사정이라도 할 듯
내 어깨 위로 달라붙는다
내치고 털어도 혀처럼 달려드는 눈
윗도리를 타고 내려 가랑이를 적신다
내게 들려주고 싶은 말이 있다는 듯
뒤꿈치 따라오며 바닥에 질퍽하다
앞서가는 아이 하나 꿍, 미끄러졌다
보도블록이 무슨 소리를 했는지
벌떡 일어나 갸우뚱하며 다시 걷는다
솔가지에 앉아 계시던 장자가
철퍼덕 내 목덜미를 내리쳤다
깜짝 놀라 돌아보니 뒤따르던 검둥이
눈빛이 무슨 뜻인지 알았다는 표정이다
지붕에도 나무에도 달리는 차 위에도
하얀 말씀이 소복이 얹혀 있다
길바닥에는 흥건히 버려진 말들이
바퀴에 찢겨 시커멓게 흘러간다

아픈 봄날

숨죽은 듯 고요한 초원
바람이 아직 덜 자란
풀잎을 흔들어 깨운다

꽃봉우리 벌어지는 나절에
햇볕은 나뭇가지에 앉았다

팔을 걷어 올린 하늘
눈을 부비며 키 낮은
꽃대궁 속으로 들어간다

민들레 제비꽃 마실 나온 별꽃
제 속을 헤집는 하늘을 끼어 안는다

꽃잎 속으로 들어간 하늘이
뜨거운 열기를 토해내며
빠져 나오는 저물녘이 아프다

향기 진동하는 그런 날인데
어깨가 결린다는 것

나뭇가지가 아직 다 펴지 못한
손바닥으로 등을 도닥거린다

구름극장 가는 이유

김근 시인이 구름극장에서 만나자 해 ktx를 타고 흑석동에 갔다 극장에는 구름 떼처럼은 아니지만 나 혼자 아닌 것이 다행이다. 공연은 주2회 1년간 계속된단다

주연급 배우인 김근 시인이 젊은 관객들에게는 제법 인기가 있어 보였다

오늘 첫 공연에서 관객과 호흡을 잘 맞춰가며 날카롭게 이빨을 갈았다

처음부터 아무것도 정해진 게 없다니까요

그래서 "미래파예요" 하는 대사에서 조명 스텝들이 구름 냄새를 조금씩 흘려 관객들을 혼곤히 취하게 할 때 나도 안개 밭 같은 시나무 숲 속을 헤매다 그를 불러 세웠다

내 면서기 할 때 자네 첫돌잔치했지 미역국 얻어먹었잖아

그래요 제가 돌잡이에 무얼 집었는지 기억나세요

그렇지 연필도 책도 아닌 실타래를 잡았는데

어떻게 시를 쫓아다니는 미치광이 짓이지

아 그랬어요 전생에도 시인이었나 봐요

세상의 분서焚書를 다 묶으려면 실타래가 무지 들겠죠

습작한 원고지 묶을 게 얼마나 많은데요

듣고 보니 선견지명이 있었군, 한데

지난해 미당문학상 최종 후보에 올라 고배를 마셨잖아

내가 심사위원이었어도 어림없었어
자네는 '떠도는 사원의 길을 길을 가며'
'거대하고 시뻘건 노래' 를 부르면서 '물고기를 사려 다닐' 때
김언은 '아름다운 문장' 과 '기하학적 삶' 을 살며
'죽은 지 얼마 안 된 빗방울들의 소설' 과 '빅뱅' 을 했으니
결과야 뻔하지 그래도 일부 심사위원들 무척 아쉽게 생각했어
다음에는 분서焚書 를 쓰지 말고 분서憤書를 쓰시게!

……우리 열차는 잠시 후 밀양역에 도착합니다
내리실 손님은 소지품을 두고 내리지 않도록 미리 준비하란다
아직 하고픈 얘기가 남았는데 아쉽게 꿈을 깨워버렸다
잠결에도 시작노트는 쥐여져 있다 다음 주에도 구름극장에 간다.

* 김근과 김언의 시 제목을 인용함(2009 미당문학상 수상작품작)

그 남자

텁수염 덥수룩한 남자가
철 늦은 수박 장사를 하고 있다
좌판대 올려놓은 수박처럼
줄무늬 셔츠를 걸치고 있다
사내는 속을 보여 주겠다며
제 살을 세 번 칼집을 내어
세모난 붉은 살점을 파낸다
얼굴이 빨갛게 도려 나왔다
수박씨 같은 주근깨가
박혀 있었던 그 모습이었다.

별이 내려와 같이 놀았던 강가
덩그런 수박밭에 아이들이 숨어든다
망을 보고 한 아이가 넝쿨을 당겼다
냄새 맡은 삽살개가 딸려오고
원두막에 잠든 영감이 딸려오고
딸려온 수박덩이를 안고
강을 건너 도망을 갔다
그때 설익은 수박을 먹었던 사내
아직도 설익은 채로 트럭에서

철이 한참 지난 수박을 팔고 있다

좌판대 망보듯 멀 적이 섰던 사내의
눈에서도 수박덩이가 딸려 나왔다

저녁 항구

비틀거린 그의 골목은 버거웠다
뭘 봐, 자세히 보는 사람 없는데
뭘 보느냐고 전봇대를 붙잡고
시비 걸다 제풀에 나동그라진다
외등을 향해 달려드는 눈발은
취한 불나비처럼 어지럽다
골목 끝머리는 늘 푸른 바다였지만
집어등 불빛 같은 하루를 보낸 그가
건져 올린 그물은 파도소리뿐이다
만선의 꿈을 실었던 기억이 지워진
목선 한 척이 이따금 주저앉으며
파도에 떠밀려 모퉁이에 끼었다
한 발 비켜 바라보는 저 뱃머리
낯설지 않은 뱃고동이 먹먹하게
물살을 한 겹 두 겹 헤치고 있다
뭐라도 해야 미안하지 않을 가로등
희미한 등대처럼 오도카니 외로운데
함박눈은 고기를 쫓는 갈매기 떼처럼
낡은 배의 등짝을 사정없이 쪼아댄다

3부

신림동 왕벚나무

신림동 고시원 골목 언제 흘러 왔는지
세월을 쓸어 모으는 한 사내가 있다

고향을 잊어버리고
나이도 이름도 잃고
오늘도 그는 삼천 원짜리 메뉴판 속에서
막막한 시간의 허기를 채운다

횅한 골목길 왕벚나무는
열한 번째의 가지에 꽃등을 매달았다
눈부신 꽃가루 어깨에 붕붕거릴 꿈에 젖는 그
너무 오래 걸쳤던 윗도리 갈아입을 계절인데
이대로가 더 편하다면서 꽃잎이 한기 느끼는
새벽 네 시를 베고 신열을 앓는다

꽃잎 눈처럼 휘날리는 어학원 골목 어귀엔
알아준다는 강사의 형법이 펄럭이고
민법이 나부끼고
벚꽃나무 가지가지에는
육법전서 책갈피가 흐드러지게 걸려 있다

벽

연년생 손자 녀석이 방 안에서
비좁은 지구를 돌리고 있다
아파트가 거꾸로 매달리고
발바닥이 천정에 달라붙는다
천정 위에 사는 여자가
어지럼증이 걸렸다고
구급차를 불렀다 한다
사이렌 소리에 놀란 아이들
창문이 새파랗게 떨고 있다

아이들 지구를 돌리지 않으려고
무릎에 여섯 개의 다리를
이식받아 털갈이를 한다
바퀴벌레로 허물을 벗는 동안
아래층에서 피아노가 키우는
콩나물이 방바닥을 뚫었다
벽이 갈라지고 사방으로 튄다
이명이 생겼다는 여자의 귀에 대고
바퀴벌레는 콩나물은 먹지 않는다고
피아노를 맛있게 갉아 먹는다고

겨울바다

파도가 그리운 날 바닷가에 섰다
젊은 날 너무 쉽게 노를 던지고
뒷걸음을 쳤던 그날처럼
모난 바윗돌은 파도를 부셔댄다
놀란 바다가 흰 거품을 토하고
갯돌도 본심 아니었기 제 살을 갉아낸다
억겁으로 주고받은 상처
질긴 인연이 백사장을 만들었으리라
당겼다 밀었다 하는 밀어에
조개도 진주를 잉태했으리라

수평선 두어 뼘 위에서
저녁 해가 전 생지를 내려다본다
한때는 만선의 꿈을 실었던 흘수선吃水線
밑창이 닳도록 물길 질을 했다
진주조개였던 모래톱은 사라지고
백사장에 수없이 지어 놓았던 집들도
두꺼비들의 놀이터인 줄이야
짧은 겨울해가 자신을 내려놓고
세상 가장 아름다운 선에 다다라
온몸을 던져 소신공양을 하고 있다

희망

굳은 계절이 찌렁 금이 갈 때
외로운 것은 마음
보이지 않는데 차가운가요
녹아진다는데 웬 눈물

사나흘 겨울비 머문 네 얼굴
미소 때문에 준비할 때를 알지
웃음이 빗속에 갇혀 춘설春雪이 된다면
마음이 회오리같이 몰아칠까요

아무것도 기억하지 못하는
표지판이 서 있는 길모퉁이
봄의 신호가 스치는 하늘에서
겨울비가 사람들 가슴에
미세한 전류를 흘러 보낼 때
플루를 견디어 낸 기침의 고독이
쿨럭이는 기억 너머로
네 이름을 부른다

무슨 소리가 들려오나요

봄의 약관約款

석장의 달력을 넘겼더니
벚꽃나무 우르르 달려 나와
허공에다 눈송이를 날리고
덩달아 뭇 꽃들도 무리지어
최루탄 터지는 불꽃 같은 난장판
서울의 봄처럼 들뜬 마음에
약관을 읽어 볼 겨를 없었는지
지난밤 목련이 죽은 봄을 토해내며
강보에 싸인 아가들 경기驚氣로
파란 입술 바동거리며 떨어진다
아무리 좋은 것도 약관은 있는 것
칠십 팔십에도 보험들 수 있나요?
광고가 들뜬 봄의 약관처럼
보청기를 낀 낡은 TV에 어른거린다

사월 폭설

4월도 훨씬 햇빛 끓어 솥뚜껑 넘쳤고
약관約款에도 써넣은 일 없는데
밤새 천지가 소복으로 갈아입어
피를 토하던 진달래마저 흰 옷입니다

자목련이 아침 일어나 깜짝 놀라
왜 우리 집이 아니냐고
드레스 바뀌었다고,
입술 파랗게 바동거립니다

푸른 철갑옷에 쩡쩡하던 소나무도
구부정히 흰 요대를 두르고
고개 떨구어 눈 줄 곳을 못 찾습니다

백령도 바닷길 헤매었던 목련꽃잎들
평택 항으로 귀환하는 날
대한민국 기상대 적설량을
예보하지 못했습니다

여심女心

찔레 하얀 꽃
무리지어 앉은 자리
뻐꾹새 문안드리는 그곳
저만치 산봉우리 위
먹장 띠구름 바람이 일어나면

감感이 온다
여기서도 보인다.
시골집 바지랑대
시퍼런 빨래 걷는 숨소리
소나기보다 급하다

후드득 쏟아진
장대비 한 무더기
호박 잎사귀 물방울이
어머니 머릿결에서
눈물인 양 반짝인다.

가을비

곗돈 부어 동남아에 퍼 주려고
그녀가 트렁크 속에 들어갔다
혼자 남은 방이 눅눅하다 했더니
아침 하늘이 낮게 내려앉았다
흐트러진 옷가지 둘둘 말린 이불
소오다 빵처럼 부풀어 올랐다
앙코르와트 유적지의 방울뱀이
발마사지 간지럼에 허물을 벗고
지난밤 잠들었다는 메시지였다

라면냄비 물 끓는 소리에 맞춰
드디어 하늘이 울기를 작정했나
꼭 이런 날은 편지를 쓰고 싶다
네 입에 넣어 주었던 침을 발라
연필을 꾹꾹 눌러 네 가슴을 그려
첫 키스의 입술 같은 우표를 붙여
바닷가 특급우체통에 구겨 넣는다

우표는 가을비에 젖어 네게로 간다
산성에서 보았던 별과는 다르게

전신마사지한 몸이 환할 거야
추신으로 혀의 추억은 괜히 썼나
커피 익는 소리가 달그락거린다
빗물은 창문에 상형문자를 그리고
네가 없는데도 빗속은 둘이 걷는다

장마도 아닌 것이

태평양 기압골이 장마의 유통기한을
장난감처럼 제멋대로 가지고 놀아
창문을 두드려 줄 것이라는 기대
모래밭에 두꺼비집 짓기를 하고 있다
베란다 창틀의 개발딱지 뿌리는
공중에서 헤엄을 치며 바다로 향하고
뒤쪽으로 몰래 빠져나간 담배연기
뿌연 안개로 변해 나를 사로잡는다,
아무도 불러주지 않는 녹색의 아침
어제도 내일도 포로 같은 삶 싫지 않은데
며칠째 비는 감질나게 기상대를 희롱하고
폭탄주 들이킨 악수비 창문 후려쳐 주길
오늘도 글렀다 가슴에 빨대를 꽂아
한 모금씩 빨아내는 멍울 같은 외로움
칙칙한 욕망이 눅눅한 장맛비처럼
시꺼먼 구름을 불러 모으는 중이다
그는 안다 장마가 아니라는 것을

봄비

삭정이 되어가는 나뭇가지에
기웃거리는 그림자였어요
안개 내려앉은 개울가의
녹다만 얼음조각을 건집니다
당신에게 흠뻑 젖고 싶어
창틀에 끼어놓은 메마른 마음
차마 걸어 닫지 못해서
문 한 짝 재껴 두었습니다.
수줍음 타는 당신 문 두드리다
동장군 시샘하는 헛기침에
뒷걸음질 줄행랑을 쳤지만
오늘 밤은 진정 오시겠지요
감질나게 길어버린 모가지
거북등어리에 얹어놓은 가슴
어깨도 빨랫줄처럼 늘어졌어요
용기 없어 혼자 올 수 없다면
우레 앞세워 미친 듯 오셔도
놀라지도 원망도 않을 거예요
감당할 수 없는 깊은 물길에
익사체로 부풀어 떠있는 꿈
어젯밤 새순처럼 돋았으니까요

가을

뙤약볕에 그을린 모가지를
때수건이 때를 밀어낸다
때밀이는 바탕이 하늘이거나
고추잠자리 날개 같아서
때를 보면 탕 속에다 밀어 넣고
살갗을 문지르고 싶어 한다
나도 고독을 밀어내고 싶지만
자주 때수건을 잃어버렸다
나무들이 때를 벗기기 위해
알몸으로 계곡 물에 뛰어든다
벗은 계절이 내 옆구리에 결린다
붉은 통증이 피멍울이 되어
산기슭으로 번지고 있다
수건으로 장난쳤던 귀뚜라미
밤새도록 반성문을 쓴다
눌어붙은 때를 씻지 않으려고
훌짝훌짝 울던 아이처럼
늙은 귀뚜라미 한 마리도
늦은 밤까지 반성문을 쓴다

봄

계기판에서 빨간 경보음이 울렸다
황급히 지하 보일러실 문을 연다
응고된 쇠파이프가 꿈틀거렸다
웅크렸던 바늘이 가늘게 숨을 쉰다
조였던 나사못이 헐거워진다

캄캄한 벽면의 환기창 틈새로
간신히 기어들어 온 햇살 한 줌
바닥이 한사코 놓아주지 않는다
창가를 서성거리던 고양이바람
거무뎅뎅하던 얼굴이 환해졌다

응고 한계점이 벗겨지는 오후
똑 똑 새어 나오는 물방울이
유리 창문에 자꾸 달라붙는다
연돌과 키 재기하던 자목련 가지에
붉은 경보음이 연속적으로 울린다

다짐

그 집 뒷마당에는
굴참나무 한 그루 섰다

까치가 층층 집을 짓고
날마다 똥오줌 성가시다

가슴을 쪼아대는 딱따구리
해마다 몇 개의 구멍을 뚫는다

지린내 뒤집어 씌고 통증을
느끼지 않은 날 몇 날이나

동장군 눌러 앉았던 가지
힘 줄 당기는 소리 들린다

뒤꿈치를 간질이는 바람
까치걸음 나무을 기어오른다

지난가을 꿀밤 한 알 못 달고
이파리만 내밀었던 손

기죽은 겨울동안
몇 번이나 고쳐 쓴 반성문

다람쥐에 미안하지 않을 만큼
두어 됫박은 내려놓아야지

장작개비 타다 남은 아궁이의
까만 숯덩이 시제로 써야겠다.

첫 눈

다정하게 걷는 연인들의
얘기를 엿들으려고 몰래 내린다

초경이 시작된 지는 열세 살 적예요
놀란 하늘이 하얗게 질려
피 한 방울 찔끔 뿌렸지만
사방은 백색이라 눈치 채지 못했다
제 귀가 성감대라니까요
남자가 눈을 녹여 귀를 씻어주었다

여자의 귀는 배가 불러오고
그들 뒤에서 유모차가 따라온다
몇 년 뒤에나 태어날 아이들이
눈길 위에서 굴렁쇠를 돌리며
깔깔거리면서 지나간다
가로등도 굴렁쇠 바퀴를 따라
꾸불꾸불 이어져 간다

지난해도 들었던 이야기였지만
새롭고 재미있어 아이들이 그려놓은

발자국을 지우지 않으려고
깨금발로 폴짝폴짝 뛰어 넘는다
젊은 연인들은 두 팔 벌려 껴안고
어른들은 털어내느라 투덜거린다.

너

여자의 뒤쪽에는 언제나 호수가 있었다
두꺼운 털옷을 껴입고
햇볕 익는 소리 달그락거리면
여자의 바깥에 쌓였던 시간 눈물이 덮는다

호수 가장자리는 늘 조용한 것 같았지만
바람과 안개가 으르렁거렸고
빙하처럼 차가운 얼음이 박힐 때
갈대는 맨발로 바닥에 누워 버렸다

언제부터랄까
알지 못하는 여자의 두께
어제는 백조가 놀다 가고
내일은 갈대가 한 발 빼내어
젖은 눈으로 차가운 가슴을 더듬을 것이다

그도 가끔은 물살의 귀가 되어
호수 속으로 잠행하고 싶은 거야
어느새 소진되어 바닥에 주저앉은,
뜨거운 풀무질도 더 이상 태울 것 없는

오직 침묵만이 재구성할 수 있는지 물어본다.

목련 지다

더 이상 가지 않겠다는 봉오리
한사코 밀어 앉히고 3월은 갔다
입 꼭 다물은 가지 끝
햇살이 부리는 익살에
억지로 픽 한 번 웃는다

뭐가 그리 못 마땅한지
다문 봉오리 터트리기 싫어
어금니 깨물고 있는 당신
간질이는 봄비 앞엔
체념인 듯 가슴을 풀었지만
아픈 기억 하늘 만큼이라
허공에다 동공을 던진다

드디어 지난밤 천둥소리
당신의 떠는 가슴에
추적추적 빗물이 쏟아져
쥐어짠 흰 손수건처럼
누렇게 널브러져 있다
슬픈 얼굴들이 짓이겨져

길모퉁이에 나뒹굴고 있다

4부

와불

집도 비워주고

풀숲마다

無眼耳鼻舌身意

눈도 귀 코도

혀도 없는 몸뚱이

지하철역 구석자리

찢어진 신문 한 장 덮고

열반에 들어가는

민달팽이 한 마리

역모기지

먼 여행에서 돌아와 보니
가재도구를 빼내 가버렸다
불 지필 저녁거리도 떨어져
그는 집을 잡아먹기로 했다

젊은 날 도끼를 들고 찍어도
끄덕도 않았던 집
속이 비어 가고 있다
무슨 중병이라도 들었나
엑스레이를 찍었더니
다 닳은 뼈만 앙상하다

지난달은 이빨 두 개를 뽑았다
다음 달 몫으로
왼쪽 늑골을 떼어낼 차례다
무릎 관절이 뻣뻣해진다
그와 함께 달려온 기억이
잘려 나가면 통증도 사라질까

심장 박동 수는 아직 정상

다만 바람이 뼈를 발라낸다
내장을 다 파먹은 벌레
대들보를 노려보고 있다

서까래를 갉아먹고
기둥을 뽑아 먹고
지붕마저 먹고 나면
삼킬 수 없는 섬돌 위에
영정사진 들어앉을
국화꽃집 한 채 남기겠지

정년停年 2

고장을 몰랐던 시계바늘이 멈추고
포화 속 같다고 생각했던 그 길
발자국은 황량한 바닷가 모래밭이었다.
갈매기를 낚겠다고 밑밥을 던져
바늘을 펼쳤지만 파도소리만 걸렸다

삼십 년도 넘게 입은 내 윗도리는
너무 낡았고 퀴퀴한 얼룩이 배었다
전투적으로 방어훈련을 한 덕분에
내상의 흉터는 남기지 않았다
자맥질 가능한 물속 빛바랜 달빛이
보잘 것 없는 시를 쓰고 있었다

더 이상 난파될 걱정 없어 노를 놓고
느긋하게 뭍길을 디딜 여유가 있어
산성까지는 수월하게 오를 수 있다
성벽 위에는 담장이 덩굴의 두 손이
한사코 잡겠다고 바동거리는 허공
아! 귀거래사 한 줄 이것이었던가

땅에 떨어진 이파리 모두 젖어 있고
참나무에 매달려 있는 마지막 한 잎
아직도 못 견디게 누굴 기다린다
바람에 흔들리던 가랑잎들 이제,
구르지 않아도 좋을 느릿한 걸음
저녁 숲이 어디냐고 잎에게 묻는다

철밥통

그는 유료 낚시터의 물고기 같았다
낚시꾼의 미끼를 낚아채는 법을 배워
날마다 덫으로 던져 주는 밑밥과
지렁이를 겁도 없이 받아먹었다
연못은 한 번도 뒤집힐 일 없이
작은 파랑도 일렁이지 않았다
수족관 같은 풀숲 길 어슬렁거리며
볕 드는 바위에 앉아 낚시꾼을 낚았다
수없이 던지는 밑밥에 덩치만 불어
해가 몇 번이나 연못 속을 훑었는지
달이 잠수를 얼마나 깊게 하는지도

어느 날 빈 미끼가 별처럼 떨어졌다
별이었던 바늘에 그의 몸이 꿰였다
이마의 계급장을 뚫은 것이다
잠시 파닥이다 정신을 가다듬어
빠져나오려고 한바탕 바동거렸지만…
바늘이 묻는다, 푸른 날에 뭘 했냐고
연못에다 안개꽃을 심었다고 그랬지
구경꾼이 몰려와 그놈 월척이야!

탁본하면 본전 건질 거라며 야단이다
부은 비늘이 먹물을 벌컥 들이켰다
흑백 필름을 한지 위에 불어넣고
유통기한 경과라는 낙관을 눌렀다
창고 대 방출 무겁던 모자를 벗으니
연금통지서 한 장이 배달되었다

도시의 오후

내 수첩에서
퇴근이라는 낱말을 지우고
산성 길을 버겁게 오른다
햇빛은 나무그림자를 휘어잡고
늙은 쇠똥구리 한 마리도
지구를 진 것처럼 무겁게 기고 있다
성벽 아래 배다리 너머에는
강물이 저녁 해를 움켜쥐고 있다
새들이 하루 일과를 마치고
퇴근을 하는지 무리지어 날아간다
날아가는 저 새들 오늘
얼마나 많은 살생을 했을까
퇴근이 희망이었던 날
새 대가리로 저질렀던 살인, 미수
잘못 그은 선에 부딪친 상처
공소시효가 오후처럼 매달려 있다
삼킨 벌레 목구멍 넘기 전에
주둥이 한 번 씀 문지르고
집으로 가는 저 새들 어깨에도
성벽보다 무거운 피멍이 쌓이겠지

퇴근길이 끊어진 오후의 파편은
도시의 지붕 위로 빠르게 흩어지고
산책길 끄트머리엔 공소장을 읽는
이파리가 어둠을 더듬거린다.

장의사葬儀社

아침을 나는 하루살이
내 저녁 해를 비웃지만
장의사를 개업하고
그의 유골 2만 기를 장사 지냈다

5천 기쯤 더 묻어야 할
묘지를 만들어야 하는데
훼손할 땅 이것뿐이냐
이참에 아예
화장으로 바꾸자
수목장이 유행이니까

한생을 살다간 너의 묘비
죽어서도 배우라는 것
모두 학생지묘學生之墓 다
단 한 기 현충원에 꽂힌 비목엔
찢긴 날개의 상흔이 새겨져 있다

오늘 해거름에 내 뼛가루를
호박밭에 장사 지내면

새순 줄기를 물고 아버지 닮은
애기호박 줄줄이 딸려오겠지
호박범벅 되기까지는
수목장 울음 겹겹이 쌓이겠다.

광대

바탕은 누구나 파란 색이었다
돌잡이 바구니 속에
썩은 지폐, 의사목걸이
입이 시끄러운 마이크
잡초가 자라는 책갈피 사이에
헝클린 실타래들 깔깔거린다

어느 것을 집어도 광대의 손
집 밖은 언제나 외줄 걸려 있는 하늘
어느 쪽 날개를 치우쳐도 낭떠러지
한 점으로 모아지는 눈동자
마른침 목구멍에 걸린다

실타래가 꼬아놓은 줄 위에
발가락이 탱탱한 시위를 당겨
시퍼런 강을 불러 모은다
펼쳐든 부채가 유일한 조언자
바지랑대 끝이 심호흡을 한다

수없이 빠뜨린 잘린 발목

회전탑 없는 날 선 줄 위를
몇 번이고 돌아가야 하는 광대
돌잡이 걸음걸이 뒤뚱
하늘에 걸린 연鳶처럼 얼레 짓이다

추화산* 단상

안개가 저인망의 덫을 펼쳐 놓았다
가로등을 몰아넣고 골목길이 망에 걸려
고래 같은 산성도 포로가 된다
억새는 간신이 날개를 달고 탈출에 성공
사자평원 제 집으로 돌아갔다
그물을 올린 강은 용두물머리를 이고
영남루 한 바퀴 돌아 마암산 오르려고
두어 번 굽이치더니 힘이 달렸는지
수중보 둔치에 퍼질러 앉아 노닥거린다

새벽밥 해 먹고 읍내 김내과에
뼈주사 맞으려 가야 하는 교동댁 할매
안개의 가지를 잘라 숲 속 길을 낸다
인력 시장에서 퇴짜 맞은 박 영감도
하릴없이 산성으로 오를 수밖에 없다
떨어진 낱 톨 밤이라도 주우려고
휘어진 척추를 밤나무 밑동에 기댄다
지난밤 별을 따려 하늘까지 솟구쳤던
젊은 부부 약수 한 바가지 들이켰지만
아직도 가쁜 숨 몰아쉬는 성터에

선잠 깬 해오라기 한 쌍 화들짝 놀라
가을 한 조각 뱉어내고 날아간다

* 밀양의 옛이름. 산성터가 있는 산

소주

그녀의 인기는 밤낮을 가리지 않는다
사족을 펴지 못하는 사내들 틈에
더러는 호모 같은 여자들도 끼어 있다
때와 장소 가리지 않고 상대하지만
진짜 속내는 아침 낮 시간만큼은
엎어져 오수를 즐기고 싶어 한다

저녁별 어슬렁거리며 마실 나올 시간
그녀의 입술은 이슬처럼 탱탱해진다
퇴근길이 사방에서 몰려나오면
촉촉한 가슴 찰랑찰랑 넘친다
입술 맛 온몸으로 느낀 사내들
잡은 허리 놓아 줄 생각이 없다
하루 허기 채우고 귓구멍 씻으려
과장을 마시고 사장을 씹어 돌린다

귀가가 늦은 사내 몇을 한꺼번에
껍질 채 잡아먹는 그녀에게도
뭐든지 쓸어 담아 삭혀 낼 수 있는
깊숙한 주머니를 달고 있다

사내들 허풍에 맞장구 받아주고
바람 빠진 낡은 청춘도 담아준다

문드러진 창자 함께 아파 하지만
상갓집 조의금 놓고 쌈박질하는
면전에서는 제 몸을 갈아 마시고
지하철역 바닥 찢어진 신문지에서
잃어버린 집 번지를 더듬거리는
민달팽이 잔에는 눈물 한 점 보탠다

진퇴양난

발가락 사이가 부르텄다
엄지발톱까지 번졌다
무좀이 무슨 병이냐면서
고쳐야겠다는 생각 없었다
양말 신을 때마다
갈라진 발톱에 실밥이 터졌다
발가락 허물 생기는 것보다
스타킹 구멍에 신경이 쓰였다

내키지도 않은 피부과
무좀이 심하네요, 의사가
그냥 두면 발톱이 빠질 수도
뿌리 뽑으려면 서너 달 약을 먹으란다
단지 간 기능이 떨어질 수 있다는
약관을 친절이 일러준다
간호사가 구멍 속으로 양말과
내 얼굴을 번갈아 바라본다
주사 한 방 없는 병원에서
간과 발톱을 저울질하다가
처방전 한 장 받지 못하고…

더위 먹은 날

정말 뜨거운 여름날이다
체면 없이 윗도리 벗어 쥐고
점심 약속을 한 친구를 기다리며
서면 롯데 앞 벤치에 앉았다
더위에 철이 없는 미끈한 노출
내 앞을 지나는 한 무리 핫팬티들
뜬금없이 그 싱싱한 허벅지에
내 허벅지를 갖다 대었다
'팍' 스파크가 일어나길 기다렸지만
내구연한이 지난 축 처진 전깃줄
스위치는 늘 맥없이 떨어져 있다
나도 논산훈련소 변압기처럼
불꽃 튄 적을 생각해보지만
저렇게 배꼽 나온 팬티를 걸치고도
당당한 적이 있었는지
목이 타는 하늘에 시계를 맞춰본다
땡볕은 비웃듯 양철지붕에서 깔깔거린다
친구를 만나고자 한 날은 어제
갑자기 빙하기 속에 갇혀버렸다
서리 맞은 머리처럼 얼얼해진다

신불평원에서

외로움과 익숙해진 산길이다
이슬에 갈증을 풀고 별빛 쓰셔 넣은
대궁으로 꼿꼿이 서 있는 억새풀
격렬했던 바람의 기억들이
벌레먹은 이파리처럼 조각되었다

누가 급히 부르기나 한 것같이
배낭 달랑 매고 끼억끼억 오른 평원
아, 좋다 독백처럼 흥얼거리기도
땀내 밴 목수건은 뱀처럼 서늘하다

막상 가느다란 허리를 비틀며
나긋나긋 조잘대는 이파리의 눈빛
좋다고 중얼거렸던 그것이
혼자 좋니, 비웃음같이 들릴 줄이야

어디도 없는 둥지에서 억새가 날아 나와
잠시 하늘거리다 떠나 버릴 것을
하얀 낮달도 산허리를 베고 누웠는데
이파리에 저문 가을 숨어 있는 줄이야

어깨 결리는 통증으로 서 있을 줄이야

반려伴侶

먼지라 부르자
사십 년 서랍 속 숨통 조였으니
사랑이라 하기엔
하늘에게 미안하다

당신을 가뒀던 가슴
무덤이었고, 돌무덤
묘비에 이름 석 자 써넣어봤자
어차피 비석도 당신 알 리 없지
사랑했다 그래봤자 결국 먼지

버릴 수 없어 이리저리
짜깁기로 꿰맨 말은
번역되지 않는 붉은 글씨
얼어붙은 강바닥을
다듬다듬 건너온 길

면목 없어 내가 나를 염殮하는 날
삼베 끈이 먼저
먼지를 동인다,

날개 달린 가슴 꽁꽁 묶어
가벼워진 무덤에 합장을 한다

아프다

소식 없었다 오늘도
외로움은 저편의 나무 뒤, 배후
누굴까
나무는 푸른 윗도리 하늘에 걸치고
마음 열어 바람을 한 줄로 세운다

구름이 몰려오는 동안
공중에 무심히 파놓은 연못
수심이 제일 깊은 곳에서
밀어 올리는 주목 한 그루
천 년 전 이야기 가슴에 뿌리박고

꽃 사이를 이어주던 신록이
무너져 내려 둥둥 떠가면
이산離散처럼 가슴 퍼렇다
외로운 흉터 아물지 않는 틈으로
비뚤어진 문양을 쏟아내고

내 속을 들여다보지 못하는
눈뜨고 있는 상처들

모든 길의 처음처럼
장맛비 후줄근히 내리면 이 배후
씻을 수 있을까

등背

배후가 누구일까
등을 구겨버리고 돌아와
머리맡 자리끼 한 사발
새벽녘에 거덜이 나면
엊저녁에 털어 넣은
두꺼비가 증인이 된다

말린 국수같이 쪼개진
마음가락 한 다발
둘둘 말린 붕대 속에
눈뜨고 있는 상처가
관 속에서 뒤척이는
미라 뼈처럼 얇았다

다시국물 맛의 추억이
슬픈 노래같이 흩어지면
시커먼 다시마 숲의 물길
밴댕이 속보다 비좁은
가을멸치 주둥이에서
링거 수액 같은 음표가 튄다

초승달 곱다던 그가
지대방에서 면벽공양
하안거에 들어가고
등 뒤를 볼 수 없는 나는
오백 년 나목裸木이 되려나
정호승의 수선화가 비웃는다

폭주

밤새도록 추적거린다
새벽녘 멈췄나 했는데
귀를 후벼 판 물소리
늦잠에 깨어나지 못한 골목
안개를 몰아넣는다
대중없이 퍼마신 빗물
가슴이 축축하다
달그락 턱 소리가 난다
종래는 토해낼 너
토하다가 가슴 뜯을 것을
건더기도 없는 물속에
뼈다귀가 돈다
발라낼 수 없는 가시
장대비 그치고 붉은 반점
별빛처럼 스멀거린다
너의 독물이 온몸 속에
도랑처럼 콸콸 흐른다

엄마 찾아 삼만 리

—안현미 시인에게

그녀가 엄마를 만나기 위해서다
마르코의 종족은 엉뚱하게
이별을 살포하고 굽기도 하며
삼만 리 수목 한계선의 국경을 넘나든다
국화주로 연서를 썼던 태백 이전으로
날려 보낸 시간이 말라죽은
나무가 되어 뼛가루 폴폴 난다
안개라도 끓여 배부르게 먹고픈 모유
열일곱 다발의 안개꽃 묘비를 적신다

방랑하는 마르코의 넘보라살 꿈
늘 그랬듯이 태백 이전의 암실 시간
엄마를 아빠라고 부르진 못했다
앞서 걷던 필름 속 당신 나이만큼에
나도 당신 닮겠다 무릎 꿇은 나무
자가수분의 가능성이 많은 장소를 찾아
양꼬치 먹으며 열일곱 걸음 더 걸어와
CD로 구운 당신 같은 사람 되었나 묻습니다

말라죽은 나무 옆에서 말라죽어가는

나무 알쏭달쏭 별 찾아 삼만 리를 더 헤매도
마르코가 될 수 없습니다, 다만
흑백 삽화 같은 안개를 사용하는 방법
나무와 시간을 뢴트겐에 옭아매기도 하고
자연 학습장에서 동냥젖도 가르쳤죠

두 개의 가을 한 개의 여름
여덟 개의 아침을 지나(서른여덟)
한 그루 미루나무 그늘 아래에
뛰어 놀던 두 마리 토끼들이
아홉 개 비밀과 네 개의 방이 있는
태백산에 곰을 찾으러 간다
여자 비를 맞으며 열일곱 걸음을
되돌리고 싶다 절규하는 그녀
엄마에게 보여 줄 유서를 다시 쓴다

* 안현미 시인의 「이별의 재구성」 패러디

부칠 수 없는 편지

고속도로가 뚫리면서 네가 차지했던 한 뼘의 자리마저 사라졌다 네 영정을 들고 장난을 치던 길이가 군엘 갔다 왔으니 천지가 개벽할 수밖에 그래도 변하지 않는 보담산 철쭉은 올해도 붉은 피를 토해내듯 산을 물들였다 세상이 꺼질 것 같았던 그 날의 눈물은 위선이었다는 것을 진작 알았다 나는 여전이 삼겹살을 뒤집으며 소주를 쳐 넣고 무슨 신선이나 된 것처럼 시 공부 한답시고 네가 구경 한 번 못해본 ktx를 타고 그렇게 동경했던 서울을 일주일 두 번씩이나 오르내리며 젊은 시인의 제자가 되어 배우지 못했던 한을 보상 받는다 네가 땅굴을 파며 탈출구도 없는 미로에 갇혀 네 살 점을 뜯어내며 통곡할 때 나는 과장도 하고 면장도 해 먹고 이제 귀거래사를 읊으며 도연명의 흉내를 내고 있다 어젯밤 꿈에서 하얀 찔레꽃이 되어 비암골 바위틈에서 흐드러지게 눈물을 글썽이고 있는 너를 보았다 아직도 마르지 않은 눈물 우지 마라, 너를 속 빼닮은 길이가 있지 않은가 네 딸내미들 시집갈 생각 않는 것은 살아 있는 영호도 어쩔 수 없는데 죽은 네가 무슨 재주가 있나 숨을 쉬고 있어도 땅속 너보다 못한 삶 미안하단 말 부끄럽다 만나지게 되면 두들겨 맞아 죽을 각오를 하고 있다 네게 죽을 죄가 쌓여 가는데 영호가 나를 죽일 놈이라 한다 그래 죽어야 너를 빨리 만날 수 있을지 모르겠다 네가 없으니 말려 주지도 사과 붙일 사람이 없다

봉걸이는 손자 목마가 되길 작정을 했고 경호는 오고 싶어 환장을 하지만 운전 면허증을 잃어버렸단다. 한우 윤칠이와 동자는 땅속의 너보다 더 먼 곳에 있는지 겨우 희미한 기억 속에만 남았다 하늘이 돌개바람을 일으키며 비를 몰고 온다 네 얼굴이 창문을 붙들고 허물어지고 있다 야! 이 새끼야 너는 정말 아무도 보고 싶지 않나 난 오늘도 네게 바칠 수 없는 시를 쓴다

| 해설 |

인간탐구의 다양한 실존의식에 대한 심층적 고찰

—『부적』에 대하여

강영환 (시인, 문학평론가)

첫 시집 『지팡이에 바퀴를 달고 싶다』는 농촌서민에 대한 애환과 그 의식에 관한 넓은 의미망을 투망한 것에 비해 이번 두 번째 시집 『부적』은 인간애에 대한 깊은 애정을 가족의 사랑에서부터 발원하여 사회로 확대재생산 하여 드디어 국가와 인류에 대해서까지도 그 명제를 던지고 있다. 뿐만 아니라 현실비판의 시에도 과감히 참여함으로써 시인의 푸른 깃발을 흔들며, 또한 냉엄한 실존의식을 통하여 바라 본 소시민의 애환과 화자 자신이 안일하게 보냈던 공직생활을, 알레고리allegory를 통하여 고해성사를 하고 있다.

『부적』은 제목이 상징하듯 무언가를 '지키겠다'는 의미의 요소가 저변에 묵시적으로 깔려 있음을 넌지시 암시해 주고 있다. 모두 4부로 나눠지는데 1부는 주로 현실비판의 시가 주류를 이루고, 2부에는 가족에 관한 깊은 애정과 사랑 그리고 혈육에 관한 뜨거운 눈빛, 3부는 사회의 심층적 人間에 대한 관심, 4부는 소시민의 애환과 화자 자신에 대한 고발, 자연과 인간의 관조를 심도 있게 표현하고 있다 하겠다.

1부는 화두에서 이미 언급한 바와 같이 현실비판의 시가 주류를 형성한다. 시인은 현실참여의 요구에 부응해야 한다는 사명감을 느끼면서 시대의 증인으로서 예언자적 예술인으로서 동등한 질량의 몫을 담당하지 않으면 안 된다. 이러한 시대적 상황 속에 시인은 생명의 원시성과 문학예술이라고 하는 이상의 틈바구니에서 고뇌와 아픔을 건너지 않을 수 없다. 시인은 알레고리allegory, 의인화, 대조(contrast), 조화 등의 시적 기법으로 냉엄한 현실을 풍자적 비판으로 형상과 사상을 이입한다.

시인은 첫 페이지부터 의미심장하게 「백령도」라는 시를 내민다. 온 나라 안을 분노로 들끓게 했던 천안함 사건을 담담하면서도 비장한 심경으로 그려낸다.

얼어붙은 NLL 암초바닥에

어탁魚拓된 꽃잎들 등대를 찾지 못해
부릅뜬 눈으로 바다 속을 훑는다
파도를 넘나들던 천안함 잠수경을 끼고
허리 꺾인 채 물길 질을 하고 있다
가슴 터질 듯 고막이 찢어질 듯
가쁜 가슴 몰아쉬며 불침번을 서고 있다
가쁜 숨 몰아쉬며 불침번을 서고 있다
백령도를 사수하라, 명령 한마디
네 혼백을 치켜든 근엄한 동작
한 개의 바다를 지키는 것은 사치다
바다 하나를 더 품어야지
사해보다 더 짠 바닷물
온 국민이 네게 눈물로 준 바다
울어도 울어도 고이지 않는다, 다만
그 눈을 다시 바다가 되어
백령도에는 바다가 둘이다

그 속에는 저인망에 걸려
가라앉은 바다 하나 더울지도 못하고…

―「백령도」 전문

백령도 바다가 이렇게 되기까지 이 나라는 무엇을 하고 있었는지… 시인은 침묵으로 허공에다 물어보고 있다. 하여 화자는 다시는 이런 비극이 없도록 강렬한 의지와 시인의 절규가 이 詩

에 고스란히 담겨져 있다. 나라 사랑하는 마음이 21행의 시에 울음이 된 또 하나의 바다를 불러본다. 하나의 바다는 하늘이 준 바다요, 또 하나의 바다는 아무도 알아주지 않은 저인망에 걸려 가라앉은 명성호의 울음이 모여 이루어진 비극적 바다이다. 하여 이 두 바다를 어찌할 것인가. 지켜내야 한다. 사수해야 한다. 시인은 우리 모두가 이 바다의 지킴이로서 이제 더 이상 이런 불운을 강력히 막아야 한다고 절규한다. 자칫 잊혀가는 백령도의 비극을 되새기며 또 하나의 바다, 눈물의 바다를 독자들에게 상기시킨다.

다음은 고리원전에서 건설되고 있는 칠십육만 오천 볼트의 송전선과 삿대질하는 나약하고 순박한 시골 촌부들의 농성 현장을 스케치한 현실참여 시다.

시청 정문 앞 배롱나무들이
붉은 피를 토해 내며
중앙 분리대를 점거
천막 농성에 들어갔다

일흔 구비 밭고랑에서
쇠비름 풀과 실갱이한
이력밖에 없는 할머니의
머리띠에도 백일홍 꽃물이 배었다

길옆에 늘어서서 악을 쓰고 있는
현수막 눈에서 스파크가 튄다
765,000볼트 찌릿찌릿한 송전선과
삿대질을 하며 언성을 높이고 있다

머쓱해진 경찰이 안전선을 치자
나무는 백일시위를 작심하고
철거통지를 받은 암자의 보살도
하안거를 포기 소신공양에 들어간다

—「배롱나무」 전문

위의 시는 현실고발과 현실참여 시를 대립구조로 엮었다. 강한 목적의식이 시의 저변에 자리 잡고 있으므로 주제는 시의 중요한 요소라고 할 수 있는 서정성을 압도하지 않을 수 없다. 따라서 이 시는 Reality를 중심으로 현실비판에 시의 생명을 집중시키고 있다. 배롱나무를 의인화하여 백 일 동안 핏빛으로 피어나는 농성의 현장을 詩路化하고 있다. 일흔 할머니의 머리에 격노한 붉은 띠가 배롱나무(백일홍)에 오버랩되어 천막농성을 한다. 경찰의 안전선과 소신공양이 야릇한 대립관계를 형성하면서 시청광장의 농성현장을 絕頂으로 몰아간다. 대립관계(contrast)를 형상화한 점이 흥미와 재미를 이끌어내면서도 현실비판의 본질을 훼손시키지 않았다는 점이 높이 평가된다.

그 외도 「꾼」, 「호스피스 병동」의 allegory가 더욱 빛을 발하고 있다.

아래 시 「관수재觀水齋」는 구상문학관 내 시인 생존 시의 집필 서재에 대하여 화자가 그려낸 구상 시인과의 말 걸기이다. 강에 대한 연작 시인으로 회자되는 선생에 대한 그리움은 4대강 개발에 대한 안타까움을 담은 『꿈속에서도 물소리 더 이상 아프지 마라』(고은 시인 외 99명의 저항 글쓰기 실천 작가가 엮은) 보다 더 함축된 언어로 담담하게 고발하는 시이다.

왜관 철교 흐르는 물속에
십자가를 지고 있는 당신을 보았습니다
당신이 영혼을 씻었던
강바닥은 끼억끼억 모래를 지고
산으로 기어 올라가고 있었습니다

강 찌김이가 살았던 관수재
주인이 집을 비웠다는 소문에
낙동강은 정신병도에 끌려가
무식한 의사들 H20의 방정식 풀어내지 못해
강줄기만 이리 뜯고 저리 제키고
포클레인 거품 물고 공룡같이 설쳤습니다

이것이 초토의 시가 될 줄 모르셨지요
당신이 계셨던들 가당치나 한 일이었겠습니까?
관수재가 피눈물 흘리며 돌아앉았습니다

당신은 오늘도 옹달샘 한 방울 물이
푸른 바다와 불이不二가 아니다고
쉰 목소리로 영상 메시지를 수없이 보냅니다만…

나는 오늘 착한 일 하나를 했습니다
당신이 할 수 없었던 일
금관문화 훈장을
낙동강 다리 밑에 던져 버렸습니다.

—「관수재觀水齋」 부분

위의 시 1연은 대자연의 순리를 바라보고 있는 시인의 우주관이 잘 묘사되었다. 노자에 의하면'無爲自然'이요, 루소에 의하면 'return to the nature'의 naturalism의 사상이 녹아 있는 글이다. 2연은 있는 그대로의 자연이 아니라 해체되어 재구성된 자연, 그리고 꾸밈없이 순수한 자연이 아닌 인공적 수식으로 가득 찬 재현의 자연, 순리가 아닌 역리와 역설이다. 현대의 자연은 자연을 재료로 점점 원형을 파악하기 힘들게 파괴되어 가는 실정이다. 3연은 '관수재'에서 강물을 바라보고 마음을 씻고 글을 썼던 시인 구상도 이 사실을 안다면 얼마나 슬퍼할까 하면서 한탄하는 시인의 심상을 들여다 볼 수 있다. 4연은 드디어 화자는 구상 시인이 받았던 금관문화 훈장을 낙동강 다리 밑에 던짐으로써 현실에 대한 강한 비판을 행동에 옮긴다. 어쩔 수 없는 현실에 대한 최소한의 몸짓을 해야겠다는 지성인의 영혼이 햇살에 반짝인다. 시 자체는 수작이다. 그러나 때로는 산업사회에서 자연까지도 물질적 재료에 이용되지 않을 수 없는 때도 있다. 자연은 인간의 욕구에 맞게 정복되어 생활의 방편으로 이용될 때를 말함이다. 4대강은 어떤 강이 될 것인가. 역사가 증언할 것이다.

프랑스 에펠탑도, 만리장성도 그런 것 중의 하나다. 어쨌든 이런 것들은 후세의 역사가 평가하게 될 것이다. 그러나 자연은 가급적 있는 그대로의 자연이야말로 인간을 구제하는 최대공약수다. 자연을 자칫 잘못 그르쳤다가는 인간이 감당치 못할 비극이 초래될 수도 있을지 모를 일이다.

시인은 「기억하고 싶지 않은 기행」에서 "청계천에서 용이 났다고 남대문 남세스러워 보자기를 썼다"고 말한다. 우리는 여기서 해학과 풍자를 읽을 수 있다. 급기야 「꾼」에서 "퍼소나를 흔들고 있는 사기꾼/넘을 수 없는 맹박산성의 높은벽/mb는 시인이다"라고 소통되지 않는 현실사회의 구석구석 구린내 나는 곳곳을 헤집고 있다. 이것 모두 오늘을 성찰하고 미래에 좋은 예방약으로 승화시켜, 내일의 보다 낳은 사회를 만드는 데 만병통치용 약이 될 것이다.

2부의 시는 이웃과 가족 혈연 삶의 관조가 주조를 형성하고 궁극적으로는 화자 자신이 난해한 사회의 아픔을 역설적으로 이야기하며 수호신처럼 지키고 싶은 것이다.

> 아들이 새 아파트를 장만했다
>
> 이삿짐 넣기 전에 먼저

하룻밤 묵어 라는 것이다
둥지 틀 때 세간 살이 내주지 못했는데
안쓰럽고 미안한 마음이다

아버지가 내 장통 속에 넣어 주었던
돌복숭아나무 잔가지 몇 개
제 엄마는 팥 시루떡 한 솥
소금자루 하나가 집들이 선물이다

이삿짐 옮겨오지 않은 덩그런 빈집
손자가 뒹굴 방안 하릴없이 서성인다
집사람도 잠이 올 것 같지 않은지
새집 뭐 닦을 게 있다고 걸레질만 한다

그만 주무시라며 자리끼 한 사발
챙겨두고 돌아서는 등짝 예전에 본 듯하다
평생 동안 내 부적으로 살았던 당신처럼
밤새도록 도깨비와 왼쪽 씨름을 한다
셋방살이 마지막 밤 아들도 뒤척이겠지

—「부적」 전문

화자는 아버지, 엄마, 아들, 손자로 이어지는 혈연의 탯줄을 통하여 새로 얻은 아파트의 따스한 정경을 크레파스로 그려내고 있다. 그 아파트 안팎에서 일어난 세밀하고 정겨운 분위기와

부모가 못다 한 자식에 대한 마음의 편린이 가슴속에서 시린 아픔으로 남는다. 그러기에 아버지는 마치 큰 바위가 되어 묵묵히 시집의 주제처럼 '부적'으로 가족의 지킴이가 된다. 이 이외도 굽은 나무 키우며 아버지를 닮아가는 「동생」, 소나무 옮겨 심는 일을 아버지 죽음에 비유한 「천장」, 할머니의 잔잔한 정을 그린 「자반고등어」 등이 모두 가족에 대한 절절한 애정을 표현한 시들이다.

2부는 이처럼 떠다니는 끈끈한 인간의 그리움, 가족으로부터 느끼는 따스한 혈육에 대한 통증과 애정의 강물을 시인은 끊임없이 바라보며, 마음속의 혼불을 지피는 사랑의 문제를 침묵의 함성과 넓은 가슴으로 대상을 관조한다. 시인의 시학적 철학은 모든 존재의 근원을, 가족으로부터 발원되며 이로부터 세상의 견고한 城을 구축하고 그 기저에는 내밀하게 짜져 있는 사랑과 가족애의 질긴 끈이 엉켜 있다고 주장한다.

그러면 또 어머니의 사무치는 아픔을 그려낸 가족에 대한 시를 감상해 보기로 하자.

일흔 구비 무밭 고랑에
뿌리 잘려 나간 잎줄기들
가을햇살에 온몸을 맡겨
시퍼렇게 널브러져 있다

어머니는 제 살 발라내고

싱싱한 속대만 골라 엮어
삼베 홑치마 늘어 말리듯
그늘에 척척 걸어 놓는다

푸른 잎이 시드는 시간만큼
고운 이마가 거칠어진다
줄기 희끗하게 변하는 동안
당신도 바삭바삭 가벼워진다
초승달 같았던 잰걸음도
하현달을 닮아 야위어 간다

동짓달 저녁 무시래기 국물
당신 손가락 썰어 넣은 그 맛
윙윙 우는 바람 새벽녘까지
낡은 치마 자락이 뒤척이고
올해도 당신을 발라낸 이파리
무릎 관절처럼 말라가고 있다

—「무청」 전문

세월과 함께 야위어가는 어머니의 삶을 노래한 절절한 사모곡이다. "초승달 같았던 잰 걸음도/하현달을 닮아 야위어 간다", "올해도 당신을 발라낸 이파리/무릎관절처럼 말라가고 있다". 이처럼 무시래기 말라가듯 시들어가는 어머니의 모습을 바라보는 아들의 가슴에는 파란 못이 박힌다. 싱싱했던 어머니의 고운 맵시 다 어디에 가고, 지금은 종이처럼 가벼운 육신으로 사그라져가는 어머니, 어머니는 여윈 달을 닮아가면서도 아직도 무밭 고랑에 서성이고 있지 않은가. 「천장」에서 종갓집 종산에서 선산을 지키던 소나무가 조경목으로 팔려 옮겨지는 시에서 아버지를 귀의 시킨다 "뜬금없이 크레인에 매달린 소나무/전생지를 내려다보고 있다/다음 생이 어딘지도 모르고". 이처럼 화자는 지극한 가족사랑에 남다른 애정을 가슴에 담고 아픔을 삼킨다. 어쩌면 사랑을 넘어선 승화의 家族愛가 아닌가 싶다.

다음 시는 한동안, 아니 지금 또다시 고개를 치켜든 구제역의 파동을 짐승과 인간과의 관계를 대조법으로 그 아픔을 이끌어내고 있다.

발가락에 물집이 생겼다고
골짜기마다 소 돼지 공동묘지다
말 못하는 짐승의 왕방울 눈
그렁그렁 맺힌 눈물 자국이
제가 토해낸 선지처럼 엉겼다

"나도 묻어라" 아낙의 절규
광우병처럼 부들부들 주저앉는다
포클랜 아가리가 밀어 넣는 통곡
더 이상 볼 수 없어 채널을 돌리고
발을 닦으려 양말을 벗었다

아뿔싸, 내 발가락 사이에도 물집
발톱마저 갈라졌다 구제역이다
소 돼지나 다름없이 살았던 어제
누가 신고한다면 생매장 감이다
천만다행이다 싶기도 하다가

아, 아깝다
떨고 있는 저 짐승들에게
두툼한 양말을 신겼더라면…

—「양말」 전문

올해도 구제역 파동이 또다시 불거진다. 죽인 소 돼지의 생매장한 장소에서 그 피와 진액이 흘러 다시 피를 부른다. 농민들은 소 돼지가 자신의 생명이다. 그들의 죽음은 농민들의 죽음과 다를 바 없다. 소 돼지들이 생매장의 현장으로 끌려갈 때 짐승들도 눈물을 흘리고 주인 아낙도 더불어 눈물을 뿌린다. 짐승도 울고 사람도 운다. 더 이상 볼 수 없는 처절한 삶과 죽음의 현장이다. 화자도 발가락에 물집이 생기고 발톱이 갈라진다. 그렇다면 자신도 죽음의 구렁텅이로 가야 하지 않는가. 그것도 여의치 않다면 차라리 내 양말을 벗겨서 짐승들에게 신겼으면 하는 안타까운 생명의 소중함을 절규한다. 이제 이 이상 비극은 없어야 한다. 화자는 부적이 되지못한 참담한 심정으로 TV의 채널을 돌린다.

3부는 사회적 존재로서의 인간의 삶을 다양한 측면에서 형상화하고 있다. 사람은 사회적 동물이다. 필연적으로 사회는 계급이 정해지며 자신이 추구하는 방향으로 어떤 특정한 계층에 속하게 된다. 어떤 이는 이를 벗어나려 하고, 어떤 이는 신분상승을 하려 한다. 그러나 서로 돕고 사는 사회적 동물이기도 하다. 그것을 타파하려는 계층도 있고 어떤 이는 그것을 승화하려는 계층도 있다. 화자는 이러한 복잡한 사회를 다양하게 바라보며 그 현실과 미래를 추구하고 있다.

신림동 고시원 골목 언제 흘러 왔는지
세월을 쓸어 모으는 한 사내가 있다
고향을 잊어버리고
나이도 이름도 잃고
오늘도 그는 삼천 원짜리 메뉴판 속에서
막막한 시간의 허기를 채운다

횅한 골목길 왕벚나무는
열한 번째의 가지에 꽃등을 매달았다
눈부신 꽃가루 어깨에 붕붕거릴 꿈에 젖는 그
너무 오래 걸쳤던 윗도리 갈아입을 계절인데
이대로가 더 편하다면서 꽃잎이 한기 느끼는
새벽 네 시를 베고 신열을 앓는다

꽃잎 눈처럼 휘날리는 어학원 골목 어귀엔
알아준다는 강사의 형법이 펄럭이고
민법이 나부끼고
벚꽃나무 가지에는
육법전서 책갈피가 흐드러지게 걸려 있다

—「신림동 왕벚나무」 전문

청년 실업시대 고시시험에 매달려 있는 청년들의 애환이 팽팽한 공기에 젖어 있다. 벌써 열한 번째 도전한 고시원의 골목 안은 찌든 일상으로 해가 저문다. 냉랭한 사회의 첫 문턱에서 형벌 같은 채벌을 받으면서 삼천 원짜리 끼니에 육체를 기대고 있는 사내도 있다. 막막한 길을 걷는다. 화자는 이것이 오늘의 참담한 현실이고 사회 현상임을 가슴 시려 한다. 사회란 게 그렇게 간단한 것이 아니다. 갑자기 서정주의 詩「국화 옆에서」가 생각난다. "한 송이 국화꽃을 피우기 위해 소쩍새는 봄부터 그렇게 울었나보다." 이 시가 그들에게 위무가 될는지, 시인은 이러한 절실한 마음으로 이 시대의 사회적 한 단면을 날카롭게 주시하고 있다.

화자는 자신을 늘 돌아본다. 급속히 발전해가는 과학문명 속에서 자연을 바라보는 인생, 자연과 인간이 동행하면서 반성하는 관조의 시다. 황혼이 저만치 가고서야 모든 사람은 뒤를 한번 돌아보게 되는 것이다.

파도가 그리운 날 바닷가에 섰다
젊은 날 너무 쉽게 노를 던지고
뒷걸음을 쳤던 그날처럼
모난 바윗돌은 파도를 부셔댄다
놀란 바다가 흰 거품을 토하고
갯돌도 본심 아니었기에 제 살을 갉아낸다
억겁으로 주고받은 상처
질긴 인연이 백사장을 만들었으리라
당겼다 밀었다 하는 밀어에
조개도 진주를 잉태했으리라

수평선 두어 뼘 위에서
저녁 해가 전 생지를 내려다본다
한때는 만선의 꿈의 실었던 홀수선
밑창이 닳도록 물길 질을 했다
진주조개였던 모래톱은 사라지고
배사장에 수없이 지어 놓았던 집들도
두꺼비들의 놀이터인 줄이야
짧은 겨울해가 자신을 내려놓고
세상 가장 아름다운 선에 다다라
온몸을 던져 소신공양을 하고 있다

—「겨울바다」 전문

현실을 관조하는 시는 충분한 여과와 증류의 과정을 거친 것으로, 자연의 모습이 바로 인간의 모습으로 등장한다. 관조의 시는 자연을 용해하고 흡수하여 자신의 세계와 화해하고 조화를 이루도록 추구하는 시라고 할 수 있다. 시인은 자연이 변화하여, 그 무엇이 되는 과정을 인간의 모습에 허허롭게 담고 있다. "짧은 겨울해가 자신을 내려놓고/세상 가장 아름다운 선에 다다라/온몸을 던져 소신공양을 하고 있다"에서 인간의 모든 욕망을 모두 털어내고 빈 마음으로 자연을 바라보는 화자의 심상을 엿볼 수 있다. 종국적으로 자연은 인생이요, 인생 역시 자연과 무엇이 다를 바 있겠는가 하고 화자는 겨울바다를 지켜보고 있다. 「가을」 또한 위의 겨울바다와 같은 관조를 통한 성찰의 시다. 비유법을 활용하여 주제를 잘 살려내고 있다.

4부는 냉엄한 현실의 의식을 realism을 통하여 표현한 소시민의 애환(역모기지)과 안일한 공무원의 공직생활(철밥통)을, allegory를 통하여 우울한 실존의식을 들어낸다.

그는 유료 낚시터의 물고기 같았다
낚시꾼의 미끼를 낚아채는 법을 배워
날마다 덫으로 던져 주는 밀밥과
지렁이를 겁도 없이 받아먹었다
연못은 한 번도 뒤집힐 일 없이
작은 파랑도 일렁이지 않았다
수족관 같은 풀숲 길 어슬렁거리며
볕 드는 바위에 앉아 낚시꾼을 낚았다

수없이 던지는 밑밥에 덩치는 불어
해가 몇 번이나 연못 속을 훑었는지
달이 잠수를 얼마나 깊게 하는지 물랐다

어느 날 빈 미끼가 별처럼 떨어졌다
별이었던 바늘에 그의 몸이 꿰였다
이마의 계급장을 뚫은 것이다
잠시 파닥이다 정신을 가다듬어
빠져나오려고 한바탕 바동거렸지만…
바늘이 묻는다, '푸른 날에 뭘 했냐고'
연못에다 안개꽃을 심었다고 그랬지
구경꾼이 몰려와 그놈 월척이야!
탁본하면 본전 건질 거라며 야단이다
부은 비늘이 먹물을 벌컥 들이켰다
흑백 필름을 한지 위에 불어넣고
유통기한 경소라는 낙관을 눌렀다
창고 대 방출 무겁던 모자를 벗으니
연금통지서 한 장이 배달되었다

—「철밥통」 전문

알레고리는 두 겹의 의미 층을 갖는다. 표면적인 의미로는 인물, 행위, 배경 등 통상적인 요소들을 형상화하여 일차적인 의미를 이루고, 그 내면에는 도덕적, 사회적, 종교적, 혹은 정치적인 개념과 같은 이차적 의미를 배치하는 것이다. 따라서 알레고리적인 작품을 대할 때, 겉으로 드러난 이미지와 내용보다는 그것이 비유적으로 표현하고 있는 의미의 가치와 기능에 접근하는 것이 핵심이다. 이 시는 온통 allegory로, 공무원의 비리와 안일한 직무수행을 거침없이 꼬집고 있다. 문장 전체가 공직생활을 했던 자신을 힐난하고 있다. 예를 들면 "낚시꾼의 미끼를 낚아채는 법을 배워/날마다 덫으로 던져주는 밀밥과/지렁이를 겁도 없이 받아먹었다", "유통기간 경과라는 낙관을 눌렀다/창고 대 방출 무겁던 모자를 벗으니/연금 통지서 한 장이 배달되었다", 더 나아가 「도시의 오후」에서 "내 수첩에서/퇴근이라는 낱말을 지우고/늙은 쇠똥구리 한 마리/지구를 진 것처럼 무겁다 /새들도 퇴근을 하는지/ 날아가는 저 새들 오늘/얼마나 많은 살생을 했을까/새 대가리로 저질렀던 살인 , 미수/잘못 그은 선에 부딪친 상처/공소시효가 오후처럼 매달려 있다"고 공직생활에서의 실책과 과오에 대하여 고해성사를 한다. 시인이 그려내는 상징 다의성, 풍유, 비유, 알레고리의 총체성이 절정에 달하고 있다.

젊은 날 도끼를 들고 찍어도
끄덕도 않았던 집
속이 비어 가고 있다
무슨 중병이라도 들었나
엑스레이를 찍었더니
다 달은 뼈만 앙상하다

지난달은 이빨 두 개를 뽑았다
다음 달 몫으로
왼쪽 늑골을 떼어낼 차례다
무릎 관절이 뻣뻣해진다
그와 함께 달려온 기억이
잘려 나가면 통증도 사라질까

심장 박동 수는 아직 정상
다만 바람이 뼈를 발라낸다
내장을 다 파먹은 벌레
대들보를 노려보고 있다

서까래를 갉아먹고
기둥을 뽑아 먹고
지붕마저 먹고 나면
삼킬 수 없는 섬돌 위에
영정사진 들어앉을
국화꽃집 한 채 남기겠지

—「역모지기」 부분

시인도 제법 긴 여행을 했다. 은퇴세대, 여행에서 인생을 배우게 된다. 고령화 사회를 예언한다.

역모기지론 주택담보 연금이라도 받을 수 있다면 얼마나 다행한 일이겠는가. 아무 준비 없이 밀려 나오는 은퇴세대의 애환이 녹아 있다. 일찍이 아리스토텔레스가 말한 운율에 맞춘 언어의 모방이라는 정의가 화자에게도 통하는지 의심해 볼 일이지만 한마디로 미래가 촉망되는 시인이다. 형상과 사상이 깊고 넓게 투망되어 있는 詩作이 대부분이다. 시인은 주로 알레고리로 시를 이미지화하고 사물에 말 걸기와 낯설은 표현으로 물상을 값어치 있는 그 무엇으로 창조해낸다. 시인의 감각은 비늘처럼 일어서고 마음의 창은 늘 안을 들여다보며 개성과 치열한 열정이 늘 동행하고 있음을 감지할 수 있다. 겸손한 시인의 심상이 더욱 울림이 있는 시를 만들어낸다.

그간 고통의 나날이 의미가 있다. 수고에 대한 박수를 아낌없이 보낸다.

문학의전당 · 시인선 126
부적

ⓒ 박채호 2012

초판인쇄 2012년 2월 20일
초판발행 2012년 2월 27일

지 은 이 박채호
펴 낸 이 김충규
펴 낸 곳 **문학의전당**
출판등록 제387-2003-00048호(2003년 9월 8일)

주 소 420-752 경기 부천시 원미구 상동 392 한아름마을 1511-1603
편 집 실 121-718 서울시 마포구 공덕2동 404 풍림VIP빌딩 413호
전화번호 02-852-1977
팩시밀리 02-852-1978
전자우편 mhjd2003@naver.com
블 로 그 http://blog.naver.com/mhjd2003

I S B N 978-89-97176-22-9 03810